Kamilia Lahrichi

Direito internacional, direito islâmico e direitos humanos

Kamilia Lahrichi

Direito internacional, direito islâmico e direitos humanos

Podem entender-se?

ScienciaScripts

Imprint

Cover image: www.ingimage.com

This book is a translation from the original published under ISBN 978-620-2-07956-3.

Publisher:
Sciencia Scripts
is a trademark of
Dodo Books Indian Ocean Ltd. and OmniScriptum S.R.L publishing group

120 High Road, East Finchley, London, N2 9ED, United Kingdom
Str. Armeneasca 28/1, office 1, Chisinau MD-2012, Republic of Moldova, Europe
Printed at: see last page
ISBN: 978-620-8-01481-0

Ao Sr. C. Touron, sem o qual nada disto teria sido possível.

Índice

Introdução: Questões e teorias

1. O puzzle

Na República Federal da Nigéria, quando uma mulher perde o marido, é obrigada a casar com o irmão do marido falecido, a beber a água utilizada para lavar o cadáver, a sentar-se sozinha num quarto sobre cinzas e, por vezes, é proibida de olhar para a pessoa que lhe traz comida. Além disso, tem de chorar em voz alta para que as pessoas possam ouvir as suas queixas. [1]Uma viúva nigeriana deixa de ser sustentada pela família do marido e pode perder os seus filhos. No entanto, a Constituição nigeriana de 1999 promove a igualdade de género. [2]A secção 34 do capítulo IV afirma o "direito à dignidade" de todos os nigerianos.

Embora a Nigéria seja o lar de muitas religiões diferentes, o Islão é a principal. Tal como em muitos outros países muçulmanos, as leis nacionais baseiam-se na Sharia, o corpo da lei islâmica. A Sharia rege todos os aspectos da vida muçulmana, incluindo a política, os negócios, a família, a sexualidade e as questões sociais.

A Nigéria é apenas um exemplo de como os países muçulmanos podem ter práticas locais que não respeitam a legislação internacional em matéria de direitos humanos, em particular a igualdade de género. Existe uma contradição entre o direito islâmico e o direito internacional? Em caso afirmativo, como conciliar as duas para implementar e aplicar a legislação internacional em matéria de direitos humanos no mundo muçulmano?

---

[1] Sally Engle Merry, Human rights and gender violence: Translating international law into global law Justice, The University of Chicago Press, 2006 p. 17

[2] Constituição da Nigéria de 1999

2. Hipótese

Este livro parte da hipótese de que o direito internacional existente, devido às suas origens nas práticas dos Estados ocidentais e ao seu desenvolvimento num sistema dominado pelo Ocidente, pode não ser facilmente aplicável e relevante para as circunstâncias particulares dos países islâmicos do Médio Oriente e do Norte de África (MENA), com especial referência a questões como os direitos humanos (igualdade de género, direito da família).

Apesar da diversidade histórica, política e económica da região MENA, este livro considera-a como uma entidade única. Estes vinte e cinco países partilham a mesma religião (Islão), o mesmo grupo étnico predominante (árabes) e a mesma língua (árabe), para além da Turquia e do Irão. Uma vez que este livro procura explorar a aplicabilidade e a relevância da lei internacional dos direitos humanos em relação à lei islâmica, centra-se na forma como os regimes políticos da região MENA utilizam o Islão na política. Por exemplo, mesmo em países etnicamente diversos como o Irão, o governo é islâmico.

É urgente abordar esta questão porque ela põe em evidência a compatibilidade do mundo muçulmano com os valores ocidentais, numa década em que o Islão radical e a violência em nome da religião se tornaram um importante desafio em matéria de segurança.

3. Diferentes teorias

Várias teorias têm procurado explicar o frequente desrespeito dos Estados árabes pelo direito internacional em matéria de direitos humanos. Huntington argumenta que as "civilizações" muçulmanas e asiáticas não respeitam o direito internacional porque a atual jurisprudência global incorpora os valores ocidentais. Esta tese é relevante porque reconhece que "o Ocidente construiu o sistema internacional, escreveu as suas leis e deu-lhe substância sob a forma das Nações Unidas". [3]No entanto, define as civilizações e as culturas como entidades fixas, o que exclui qualquer possibilidade de reconciliação entre Estados ocidentais e orientais num mundo multilateral.

[4][5]Por outro lado, An-Na'im e Al Qahtani afirmam que as sociedades civis e os governos árabes não respeitam o direito internacional porque este foi violado em várias ocasiões pelas potências ocidentais. Referem-se à invasão do Iraque pelos EUA em 2003 e à guerra de Israel contra Gaza no inverno de 2008-2009. [6]An-Na'im sugere que "a inconsistência óbvia e o desrespeito flagrante pelo direito internacional por parte de uma grande potência como os Estados Unidos da América só podem ter consequências negativas para a credibilidade do papel do direito nas relações internacionais". É evidente que a confiança é um incentivo importante para respeitar o direito internacional em matéria de direitos humanos. Embora exato, este argumento é incompleto. Há outros factores subjacentes à falta de respeito dos Estados árabes pelo direito internacional em matéria de direitos humanos, como os regimes não democráticos, que, em última análise, lhes permitem justificar as violações dos direitos humanos.

---

[3] Samuel P. Huntington, The Clash of Civilisations and the Remaking of World Order, Simon and Schuster Paperbacks, 1996.

[4] Abdullah Ahmed An-Na'im, Toward an Islamic Reformation: Civil Liberties, Human Rights and International Law, Syracuse University Press, 1990 Capítulo 6: Shari'a and modern international law, p.159

[5] Mutlaq Al Qahtani é um perito em direito internacional e antigo Ministro Plenipotenciário e Representante Permanente Adjunto do Estado do Qatar junto das Nações Unidas. Fez a declaração acima durante um debate sobre o papel do direito internacional no mundo árabe realizado no Brookings Doha Center em 31 de maio de 2009. http://www.brookings.edu/events/2009/0531_international_law.aspx

[6] Mutlaq Al Qahtani, Brookings Doha Center, 31 de maio de 2009

[7]Além disso, alguns académicos argumentam que os países islâmicos não respeitam o direito internacional porque o consideram uma violação da sua soberania nacional e uma interferência na sua política interna. Este argumento, frequentemente apresentado pelos decisores árabes, é politicamente construído e irrelevante, pois é um meio de impedir a comunidade mundial de intervir em regimes autoritários que subordinam as suas populações.

[8]Por último, os autores indianos argumentam que as declarações da ONU sobre os direitos humanos são de pouca importância quando as pessoas não têm as necessidades básicas da vida. Criticam o direito internacional por ser mais orientado para a política do que para a economia. Este argumento não salienta o facto de o direito internacional estabelecer normas políticas de comportamento a fim de promover as relações económicas entre os Estados. Desenvolvimentos significativos, como as alterações ao sistema de Bretton Woods e a transição do GATT para a OMC, têm cada vez mais em conta os interesses e as preferências dos países em desenvolvimento. Por exemplo, os países em desenvolvimento que democratizam os seus sistemas políticos beneficiam do apoio financeiro das organizações internacionais. O FMI tem em conta as diferenças económicas entre os países, sendo atribuída a cada membro uma quota proporcional à dimensão da sua economia. Na OMC, a maioria dos candidatos tem uma participação igual no processo de decisão.

4. Resultados

Este livro defende que o sistema jurídico dos Estados islâmicos desempenha

[7] Ver Gene M. Lyons e Michael Mastanduno, Beyond Westphalia: National Sovereignty and International Intervention, The Johns Hopkins University Press, 1995.

[8] William R. Slomanson, Fundamental Perspectives on International Law, Clark Baxter, 2003 - Capítulo 11: Direitos Humanos p.574

um papel importante na explicação do facto de os países muçulmanos não cumprirem o direito internacional. As noções de aplicabilidade e relevância do direito internacional dos direitos humanos para o direito islâmico têm de ser examinadas a diferentes níveis.

O primeiro capítulo deste livro define a palavra "aplicável" como ideologicamente compatível. A lei islâmica é vista como um conjunto de valores morais. Existe, portanto, uma antinomia *inerente* entre o direito internacional e o direito islâmico. Por definição, o direito internacional é um processo flexível que resulta de desenvolvimentos históricos, enquanto a Sharia (lei islâmica) se baseia na Sunna (regras islâmicas) e no Corão. Ambos estão enraizados num contexto histórico específico e não acompanham a evolução da história humana. Perguntarmo-nos se a justiça global e a lei islâmica são compatíveis é como comparar a Europa de então, quando não havia separação entre a Igreja e o Estado, com a Europa de hoje.

O segundo capítulo define a palavra "aplicável" como apropriada e suscetível de aplicação prática. Afirma que a lei islâmica não é um sistema jurídico prático. Devido à multiplicidade de interpretações dos ensinamentos islâmicos, às práticas locais e tribais e às diferentes políticas nacionais nos Estados muçulmanos, a Sharia não pode ser considerada um sistema jurídico. Em vez disso, devemos referir-nos às práticas consuetudinárias e à jurisprudência islâmicas, tal como aplicadas pelos diferentes países da região MENA.

Tendo em conta o que precede, o terceiro capítulo sugere a forma como a legislação internacional em matéria de direitos humanos pode ser aplicada e implementada nos Estados islâmicos. Tal implica a alteração das estruturas políticas dos Estados muçulmanos, a promoção da consciencialização para os direitos e a incorporação das convenções sobre direitos humanos na legislação nacional.

Enquanto os capítulos anteriores deste livro se referem ao direito internacional público, que rege a condução dos assuntos globais entre Estados, esta parte final combina o direito internacional público e privado. O direito internacional privado trata da gestão e da aplicabilidade de normas jurídicas extraterritoriais em Estados individuais.

5. Metodologia

A abordagem comparativa deste livro baseia-se na investigação de arquivos. Compara os textos jurídicos do direito internacional e do direito islâmico. Baseia-se numa análise de conteúdo que sugere potenciais soluções para conciliar o direito internacional e o direito islâmico. Baseia-se também numa entrevista com juristas do mundo muçulmano.

Capítulo I - O direito internacional dos direitos humanos é ideologicamente aplicável ao direito islâmico?

[9]Neste livro, o direito internacional público é visto como um conjunto de normas de comportamento da comunidade mundial que garante a ordem na circulação de pessoas, bens, capitais e tecnologia. O direito internacional não se limita às decisões do Conselho de Segurança das Nações Unidas ou do Tribunal Internacional de Justiça. Influencia a vida quotidiana das pessoas. Nesta perspetiva, pode dizer-se que os países muçulmanos do Médio Oriente e do Norte de África respeitam os direitos humanos tal como definidos pelo direito internacional?

1.11 Direito internacional e identidade

A questão de saber se o direito internacional é aplicável a certos países implica que o direito internacional tem uma "dimensão partidária" inerente.[10] Os Estados mais poderosos, nomeadamente os países ocidentais, "consagram os seus interesses no direito".[11] Consequentemente, o direito internacional não se baseia em princípios universais de comportamento. Pelo contrário, reflecte as percepções dos Estados ocidentais sobre o comportamento moralmente aceitável.

Desde a Primeira Guerra Mundial e a desagregação dos Estados europeus,

---

[9] James C. Hsiung, Anarchy and Order: The Interplay of Politics and Law in International Relations, Lynne Rienner Publishers, 1997 Introdução: Neorealism and International Law p. 3

[10] B.S. Chimni in Hsiung James C. Hsiung, Anarchy and Order: The Interplay of Politics and Law in International Relations, Lynne Rienner Publishers, 1997 Introdução: Neorrealismo e direito internacional p.11

[11] idem

surgiu uma conceção do direito internacional orientada para os EUA. Os Catorze Pontos do antigo presidente americano Woodrow Wilson sublinharam o ressurgimento de fortes convicções morais no sistema internacional, tais como os direitos humanos, o humanitarismo e a fé na razão. A democracia tornou-se a estrutura social preferida. Existe, por conseguinte, uma relação estreita entre o direito internacional e a identidade. [12]Como diz Koh, o respeito pelo direito internacional ajuda a moldar a identidade de um Estado. Por outras palavras, um Estado que respeita o direito é um Estado liberal.

É questionável que o mundo árabe se enquadre nesta categoria, uma vez que o mundo muçulmano foi excluído do desenvolvimento desta jurisprudência global. Um olhar mais atento sobre a conceção islâmica da justiça põe em evidência as diferenças entre os dois sistemas.

1.2 Conceção islâmica do direito

O Islão não trata de direitos individuais. O Corão refere-se aos muçulmanos como parte da Ummah (comunidade de crentes). Esta conceção do indivíduo é semelhante na Córsega e na Sicília. A vendetta transfere a ofensa e a responsabilidade da vingança para todos os filhos da família, que são considerados, antes de mais, como membros do grupo.

Por conseguinte, é difícil estabelecer uma ligação entre o conceito moderno de liberdade individual, que é um legado do Iluminismo europeu e promovido na Carta das Nações Unidas, e a liberdade no Islão. Os académicos muçulmanos há

[12] Majid Khadduri, The Islamic Conception of Justice, The Johns Hopkins University Press, 1984 Apêndice: Direitos Humanos e Islão

muito que ignoram o significado jurídico, bem como o conceito político e filosófico de liberdade. [13]Como sugere Khadduri, a liberdade só era conhecida como o oposto da escravatura.

A dicotomia entre as concepções ocidental e islâmica do direito é também uma questão de terminologia. [14]A injunção corânica "Sede justos!" sublinha o facto de o Islão colocar a tónica nas responsabilidades e não nos direitos individuais.

Os muçulmanos não são apenas ignorados enquanto indivíduos, mas também lhes são negados direitos políticos. [15]O artigo 21° (n° 3) da Declaração Universal dos Direitos do Homem afirma que "a vontade do povo deve ser a base da autoridade do governo". Este princípio está em contradição direta com os princípios islâmicos de justiça política. Na maioria dos países muçulmanos, a autoridade reside no povo, mas não foi criada por ele. O poder político é definido por Deus. Esta autoridade superior é responsável pelo estabelecimento de normas, regras e princípios, que podem estar em contradição com o direito internacional.

Os países ocidentais, por outro lado, criaram organismos internacionais para sancionar o incumprimento dos princípios fundamentais do direito internacional em matéria de direitos humanos, como o genocídio, a escravatura, a tortura, o apartheid e a discriminação contra as mulheres. O estatuto e os direitos de um muçulmano são definidos pela religião, enquanto os direitos e deveres de um indivíduo fora do mundo muçulmano são formulados pelo direito internacional dos direitos humanos. Este conjunto de leis centra-se na autonomia individual, na igualdade, na liberdade de escolha e no secularismo. Estes conceitos constituem a base da conceção que os

---

[13] idem p. 237

[14] versículo 5:8

[15] A Declaração Universal dos Direitos do Homem

países ocidentais têm da estrutura do poder e das relações sociais e económicas.

No Islão, o indivíduo não é o principal ator ou alvo na elaboração das leis nacionais e internacionais. Por exemplo, o véu islâmico ou burqa (que cobre todo o corpo) esconde a identidade da mulher por detrás da sua função: filha, esposa ou mãe. O direito internacional já não pode reger os comportamentos na sociedade. O mundo islâmico repudia os próprios fundamentos do direito internacional.

1.3. Desacordo sobre a legislação internacional em matéria de direitos humanos

O contexto histórico em que nasceu a Sharia (622 d.C.) explica (mas não legitima) a posição conservadora de muitos Estados árabes em matéria de direitos humanos. A sociedade pré-islâmica na Arábia, no início do século VII d.C., é conhecida como a Idade da Ignorância ("Jahiliyyah" em árabe). Não existiam infra-estruturas centralizadas para proteger as pessoas e os seus bens, uma vez que se tratava de uma sociedade tribal. Para sobreviver, os indivíduos tinham de estar filiados numa tribo. [15] [16]A imoralidade e a devassidão sexual eram generalizadas. [17]Embora existam alguns indícios de que as mulheres ocupavam posições de destaque na sociedade, a discriminação contra elas era generalizada. [18]O infanticídio feminino e a poligamia eram praticados. Em domínios como o casamento, o divórcio e a herança, era frequentemente negado às mulheres o direito de escolherem os seus maridos, de se divorciarem livremente ou de herdarem das suas famílias.

Neste contexto, países predominantemente muçulmanos, como o Sudão e a

---

[16] Dominique Sourdel, L'Islam, Que sais-je ? Presses Universitaires de France - PUF, 2002

[17] Reynold A. Nicholson, A Literary History of The Arabs, Cambridge University Press, 1966, p. 88.

[18] Bryan S. Turner, Islam: Critical Concepts in Sociology, Routledge, 2003 pp. 77-78

Arábia Saudita, criticaram a Declaração Universal dos Direitos do Homem (DUDH) por não ter em conta o contexto cultural e histórico dos Estados islâmicos. Em 1981, o representante iraniano nas Nações Unidas, Said Rajaie-Khorassani, declarou que esta declaração era "um entendimento secular da tradição judaico-cristã". [19]Os muçulmanos não a podem aplicar sem transgredir a lei islâmica.

Por exemplo, o artigo 16.º (n.º 1) da DUDH estipula que *"os homens e as mulheres* maiores de idade, sem qualquer restrição baseada na raça, nacionalidade ou religião, têm o direito de contrair casamento e de constituir família. Têm direitos iguais no que respeita ao casamento, durante o casamento e aquando da sua dissolução". Este princípio está em contradição com a conceção islâmica do papel e do estatuto da mulher. [20]A Declaração do Cairo sobre os Direitos Humanos no Islão (CDHRI) explica que *"todos os homens* são iguais em termos de dignidade humana e de deveres e responsabilidades fundamentais, sem qualquer discriminação baseada na raça, cor, língua, credo, sexo, religião, filiação política, estatuto social ou outras considerações". Embora a CDHRI proíba a discriminação com base no sexo, entre outros critérios, sugere que existem diferenças entre homens e mulheres. A CDHRI foi adoptada em 1990 pelos Estados membros da Organização da Conferência Islâmica como a perspetiva muçulmana sobre os direitos humanos. Considera que a Sharia é a única fonte dos direitos humanos.

Os direitos humanos são, por conseguinte, o pomo de discórdia entre o direito internacional e o direito islâmico. Um olhar atento sobre a desigualdade de género nas comunidades muçulmanas sugere que a lei islâmica contradiz alguns dos

---

[19] David Littman, "Universal Human Rights and Human Rights in Islam", *Midstream,* fevereiro/março de 1999.

[20] Declaração do Cairo sobre os direitos humanos no Islão

princípios fundamentais do direito internacional em matéria de direitos humanos.

1.4 Desigualdade entre homens e mulheres nos países muçulmanos

A discriminação em razão do género ilustra o fosso entre os valores promovidos pela legislação internacional em matéria de direitos humanos e os valores defendidos pelo Islão.

De acordo com o Corão, as mulheres muçulmanas têm plena capacidade jurídica em matéria de direito civil e comercial. Podem dispor de bens. No entanto, as mulheres não gozam dos mesmos direitos no que respeita às relações com os homens. [21]Por exemplo, um homem muçulmano pode casar com um cristão ou um judeu, mas uma mulher muçulmana não tem o direito de o fazer, se o homem não muçulmano não se converter ao Islão. [22]Um homem muçulmano pode casar com um máximo de quatro mulheres ao mesmo tempo, mas uma mulher muçulmana só pode casar com uma de cada vez. [23]Um homem muçulmano pode divorciar-se da sua esposa ou esposas por repúdio unilateral ("talaq" em árabe) sem indicar qualquer motivo. No entanto, uma mulher muçulmana só pode divorciar-se com o consentimento do marido ou por decisão judicial devido à incapacidade ou à falta de vontade do marido para sustentar a mulher. [24][25]Além disso, uma mulher muçulmana herda metade do que um homem muçulmano.

---

[21] Os juristas fundadores interpretaram este conceito com base nos versículos 2:21, 5:5 e 9:10 do Alcorão. Ver M.A.S. Abdel Haleem, The Quran, Oxford University Press, 2008.

[22] Verso 4:2 do Corão. Ver Noel J. Coulson, A History of Islamic law, Edinburgh University Press 1995, pp. 18-19.

[23] O repúdio está menos difundido em alguns países muçulmanos, como Marrocos, devido aos recentes desenvolvimentos no direito da família após a redação desta tese em 2010.

[24] Os juristas fundadores interpretaram este conceito nos versículos 2:226-32 do Alcorão. Ver M.A.S. Abdel Haleem, The Quran, Oxford University Press, 2008.

[25] Ver os versículos 4:11 e 4:176 do Alcorão, ver referências acima.

Trata-se de violações claras dos direitos humanos. O artigo 1.º da Declaração sobre a Eliminação da Violência contra as Mulheres define a violência contra as mulheres como "qualquer ato de violência baseado no género que resulte ou possa resultar em danos físicos, sexuais ou psicológicos ou em sofrimento para as mulheres, incluindo ameaças de tais actos, coerção ou privação arbitrária da liberdade, quer ocorram em público ou na vida privada".[26]

Tendo explorado a relação entre o direito internacional dos direitos humanos e o direito islâmico enquanto sistemas de valores, é importante distinguir entre estes sistemas e os sistemas jurídicos. De facto, uma lei religiosa pode ter autoridade moral mas carecer de regras práticas e eficazes para ser aplicada.

[26] Plataforma de Ação da Quarta Conferência Mundial sobre as Mulheres em Pequim (secção D) em Sally Engle Merry, Human Rights and Gender Violence: Translating International Law into Global Justice, The University of Chicago Press, 2006, p. 113.

Capítulo II - Reconsiderar a lei islâmica como um sistema jurídico prático

Este capítulo avalia a legalidade da Sharia enquanto sistema jurídico prático. Existe uma lei islâmica? Por outras palavras, os ensinamentos do Corão referem-se claramente a regras que podem ser efetivamente traduzidas em lei? Estes ensinamentos religiosos foram escritos para fins jurídicos?

2.1 Definição de lei islâmica

O direito tem por objetivo ordenar uma estrutura social e política. Deve ser racional e definir claramente o seu objetivo. [27]A este respeito, a lei islâmica pode ser considerada racional porque é "a expressão normativa de um sistema político". No entanto, o facto de este sistema político se basear na religião nega a sua racionalidade. Como é que pode ser racional se é divino?

Além disso, os juristas reconhecidos devem ser responsáveis pela redação e aplicação da lei. No Islão, alguns textos são escritos, outros são transmitidos oralmente e outros ainda são uma combinação dos dois. A tradução dos preceitos religiosos em regras escritas tem um impacto considerável na legalidade do sistema. Quem é responsável pela redação das leis islâmicas? Como podemos garantir que as regras islâmicas fazem sentido num sistema jurídico?

Em terceiro lugar, um sistema jurídico necessita de textos claros e definidos que possam ser compreendidos pelo público. A lei islâmica precisa de ser clarificada

---

[27] William R. Slomanson, Fundamental Perspectives on International Law, Clark Baxter, 2003 - Capítulo 1: O que é o direito internacional? p. 5

porque as suas várias fontes são vagas e, por vezes, contraditórias. A sharia baseia-se nos actos do profeta e as suas várias fontes não fornecem factos exactos, o que prejudica a dimensão prática da lei islâmica. [28]Ibn Hanbal estabeleceu uma hierarquia de fontes autorizadas da lei islâmica. O Alcorão é a primeira fonte de toda a jurisprudência islâmica. A Sunna é a segunda fonte autorizada. Reúne as práticas e as palavras do Profeta. Os veredictos emitidos pelos companheiros do Profeta constituem uma terceira fonte de legislação quando não existem provas textuais no Corão ou na Sunna. A quarta fonte é o hadith do Profeta, que é a informação recolhida após a sua morte. Os académicos islâmicos utilizam a dedução analógica, que é semelhante ao direito consuetudinário, como último recurso, depois de esgotadas todas as fontes acima referidas. A dedução analógica consiste na aplicação de princípios deduzidos de casos anteriores. Integra também a jurisprudência islâmica atual.

Apesar destas diferentes fontes de legislação, a lei islâmica continua a ser vaga, porque nenhuma delas é suficientemente aprofundada para permitir que os estudiosos apreendam o seu significado principal. A jurisprudência islâmica baseia-se em relatos de actos e palavras do Profeta que tiveram lugar há mais de mil anos. Para dar sentido a estes relatos diversos e contraditórios, os académicos pós-modernistas reconhecem a relatividade da realidade. Acreditam que existem múltiplas versões do mesmo acontecimento. [29]No entanto, esta conceção relativista da realidade "é contrária ao senso comum, jurídico e científico". [30]Como afirmam

---

[28] Badr Gamal Moursi, "Islamic Law: Its Relation to Other Legal Systems", *The American Journal of Comparative Law,* primavera de 1978, pp. 187-198

[29] Baudouin Dupret, Barbara Drieskens e Annelies Moors, Narratives of Truth in Islamic law, I.B. Tauris, 2008 p. 10.

[30] Baudouin Dupret, Barbara Drieskens e Annelies Moors, Narratives of Truth in Islamic law, I.B. Tauris,

Dupret, Drieskens e Moors, uma lei preocupa-se sobretudo com a sua relevância jurídica com base num relato verdadeiro. Por outras palavras, o que faz de uma lei uma lei é a sua capacidade de aplicar regras gerais claramente formuladas. Assim, as fontes do direito islâmico são diferentes das fontes práticas do direito internacional.

2.1.1 Estudo de caso : Homicídio por motivos de honra

O estudo de caso dos crimes de honra põe em evidência a confusão que resulta da jurisprudência islâmica.

De acordo com a Human Rights Watch, os crimes de honra referem-se a "crimes [que] são actos de violência, geralmente assassínio, cometidos por membros masculinos da família contra membros femininos da família que se considera terem desonrado a família, [tais como] recusar um casamento arranjado, ser sexualmente agredida, pedir o divórcio - mesmo de um marido violento - ou (alegadamente) cometer adultério. [31]A simples perceção de que uma mulher se comportou de uma forma que 'desonra' a sua família é suficiente para desencadear um ataque à sua vida" . [32]O Fundo das Nações Unidas para a População calcula que o número anual de vítimas de crimes de honra é de 5.000 mulheres.

Os crimes de honra reflectem uma visão misógina das mulheres. A prática está enraizada na crença de que as mulheres são propriedade dos homens e não

---

2008

[31] Relatório da Amnistia Internacional, "Culture of Discrimination: A Fact Sheet on "Honor" Killings", 20 de julho de 2005 www.amnestyusa.org

[32] Factos e números da UNIFEM sobre práticas tradicionais nocivas. 2007. (A UNIFEM retirou este valor da página 39 do seguinte relatório: Assembleia Geral. Estudo aprofundado sobre todas as formas de violência contra as mulheres: Relatório do Secretário-Geral, 2006. A/61/122/Add.1. 6 de julho de 2006).

seres humanos com igual dignidade e direitos. A inclusão da lei da Sharia exacerba esta prática como crime ao abrigo da lei estatutária. Por outras palavras, a conceção da mulher na jurisprudência islâmica agrava a prática. As mulheres não estão autorizadas a defender-se em tribunal, uma vez que os crimes de honra são considerados um assunto privado que as forças da ordem devem evitar.

Embora os académicos se refiram geralmente aos crimes de honra para sublinhar a violência generalizada nas comunidades muçulmanas, não existe qualquer fonte de legislação no Islão que *encoraje claramente* esta prática. Trata-se antes de uma prática local derivada de interpretações radicais do Corão, como o ramo Salafiyya na Arábia Saudita ou os Taliban no Paquistão e no Afeganistão. [33]Em abril de 2008, por exemplo, um homem saudita matou a filha porque ela estava a conversar no Facebook com um homem de fora da família.

2.2 Acordo sobre a lei islâmica

Em segundo lugar, uma lei exige um consenso coletivo entre os juristas. Em direito internacional, falamos de *opinio juris,* o que significa que uma ação é tomada porque é juridicamente vinculativa. Por exemplo, todos os juristas que redigiram a Carta das Nações Unidas concordam com os princípios dos direitos humanos nela enunciados. Por outro lado, a legislação sem declarações explícitas, como a Sharia, deixa espaço para uma infinidade de interpretações. Os estudiosos islâmicos devem ter cuidado ao selecionar versículos específicos do Corão para generalizar a lei islâmica, uma vez que não existe uma versão "oficial" dos actos do Profeta. Uma tal generalização conduziria a várias declarações de diferentes juristas que poderiam

[33] Damien McElroy, "Saudi woman killed for chatting on Facebook", The Daily Telegraph, setembro. 27, 2008 www.telegraph.co.uk/news/worldnews

contradizer-se mutuamente.

Por exemplo, na jurisprudência islâmica, uma fatwa é uma história em que um muçulmano se dirige a um jurista islâmico para resolver um problema relacionado com a lei. O jurista dá então o seu parecer. [34]A pergunta e a resposta são consideradas como precedentes jurídicos que se transformam em elementos de jurisprudência. [35]Como salienta Fadel, uma fatwa destina-se a tornar-se uma regra universal, mas é também "a manifestação empírica das opiniões [do jurista] e emerge de um conjunto único de factos empíricos". Consequentemente, pode haver fatwas contraditórias em diferentes países árabes, porque cada fatwa representa a perceção da realidade por parte de um jurista.

2.2.1 Estudo de caso : Mutilação genital feminina

O estudo do caso da mutilação genital feminina põe em evidência esta falha do sistema jurídico islâmico.

[36]Num relatório de dezembro de 1993, a Organização Mundial de Saúde (OMS) estimou que "mais de 80 milhões de crianças, raparigas adolescentes e mulheres [vivas] em mais de 30 países... foram submetidas a mutilação genital feminina". Este procedimento é comummente designado por "circuncisão feminina". É frequentemente utilizado para realçar a discriminação contra as mulheres no Islão. Embora este ritual seja suposto representar a aceitação das mulheres na sociedade e

---

[34] Amalia Zomeno, "The Stories in the Fatwas and the Fatwas in History", em Baudouin Dupret, Barbara Drieskens e Annelies Moors, Narratives of Truth in Islamic law, I.B. Tauris, 2008.

[35] Muhammad Fadel, "Fatwas et histoire sociale", al-Usur al-Wusta, 1996, pp. 32-43

[36] William R. Slomanson, Fundamental Perspectives on International Law, Clark Baxter, 2003 - Problema 11.C, p. 577

a sua elegibilidade para o casamento, na realidade põe em evidência a posição discriminatória das mulheres nas estruturas políticas, sociais e económicas das sociedades onde é praticado.

Nenhuma fonte legislativa do Islão exige claramente a circuncisão feminina. O debate sobre se esta prática é obrigatória ou proibida pelo Islão centra-se num hadith (informação sobre as palavras do Profeta), que afirma que "uma mulher estava a fazer a circuncisão em Medina. [36] [37]Maomé disse-lhe: 'Não cortes severamente, é melhor para uma esposa e mais desejável para um marido'". Esta frase está aberta a muitas interpretações diferentes, porque está cheia de hipóteses.

Como não há acordo sobre o significado deste parágrafo, os líderes religiosos não podem provar uma decisão legal. [38]Por conseguinte, não tem nem a força nem o efeito de lei. Pelo contrário, é um abuso de género enraizado numa conceção patriarcal da família e da comunidade.

2.3 Lei islâmica ou prática consuetudinária?

[39]"Estamos a falar da Sharia ou dos sistemas jurídicos e regimes políticos dos vários países, onde os muçulmanos são maioritários?", pergunta An-Na'im no .

As muitas ambiguidades da lei islâmica provam que a Sharia não é um sistema jurídico prático. Pelo contrário, é um conjunto de valores e regras fixos.

---

[37] Umm 'Atiyyah; Abu Dawud, al-Bayhaq. "Tradução parcial de Sunan Abu-Dawud, Livro 41: Comportamento Geral (Kitab Al-Adab), Universidade do Sul da Califórnia, 2007.

[38] Na realidade, esta prática é sobretudo uma tradição (e não uma lei) do antigo Egipto. Ver William R. Slomanson, Fundamental Perspectives on International Law, Clark Baxter, 2003 - Problema 11.C, p. 577.

[39] Abdullahi Ahmed An-Naim, "The Future of Law, Religion, and Human Rights: The 'Law and Morality' of Human Rights in Islamic Societies", Center for the Study of Law and Religion, Emory University, 26 de outubro de 2009.

[40]Como sugere An-Na'im, as diferenças teológicas na interpretação do Alcorão, as práticas consuetudinárias específicas e o direito interno alteram a aplicação prática da Xária. Os estudiosos referem-se à lei islâmica quando, na realidade, estão a lidar com a jurisprudência islâmica aplicada por diferentes países. Como observa Dupret, "a invocação do 'Islão' ou da *'shari'a'* como repertório jurídico não significa que estejamos a lidar com a lei islâmica no seu sentido clássico e técnico. [41]De um ponto de vista sociológico, o "Islão" é o que os muçulmanos afirmam ser o Islão e a "lei islâmica" é o que os muçulmanos caracterizam como lei islâmica".

Além disso, o Islão refere a discriminação contra as mulheres, mas *não existe* consenso entre os teóricos religiosos sobre práticas extremas como os crimes de honra e a mutilação genital feminina. Nos países islâmicos, os casos de violência contra as mulheres resultam a *priori* do estatuto social inferior das mulheres no Corão, mas são exacerbados *a posteriori* pelas tradições locais. São derivados de práticas consuetudinárias.

A Convenção sobre a Eliminação de Todas as Formas de Discriminação contra as Mulheres (CEDAW) conclui que "os Estados Partes [devem] tomar todas as medidas apropriadas [...] para modificar os padrões sociais e culturais de conduta de homens e mulheres, com o objetivo de conseguir a eliminação de preconceitos [...] e de todas as outras práticas baseadas na ideia de igualdade entre homens e mulheres".[42]A Plataforma de Ação sobre a Igualdade entre Homens e Mulheres, que visa "[...] modificar os *padrões sociais e culturais de conduta dos* homens e das

[40] Abdullahi Ahmed An-Na'im, "Islamic Family Law in a Changing World: A Global Resource Book", Zed Books, 2002

[41] Baudouin Dupret, Maurits Berger, Laila al-Zwaini (eds), Legal Pluralism in the Arab World, Haia: Kluwer Law International, 1999, p. 44.

[42] A Convenção sobre a Eliminação de Todas as Formas de Discriminação contra as Mulheres (CEDAW)

mulheres, com vista a conseguir a eliminação dos preconceitos [...] e de todas as outras práticas baseadas na ideia de inferioridade ou superioridade de qualquer dos sexos ou em papéis estereotipados para homens e mulheres" . [42] [43]Do mesmo modo, a Plataforma de Ação sobre os Direitos Humanos das Mulheres da Quarta Conferência Mundial das Nações Unidas sobre as Mulheres apela aos Estados para que "tomem medidas urgentes para combater e eliminar a violência contra as mulheres, que é uma violação dos direitos humanos resultante de *práticas tradicionais ou* consuetudinárias prejudiciais, de preconceitos culturais e de extremismo" . Por conseguinte, as organizações internacionais reconhecem que as práticas nos países islâmicos aumentam a violência contra as mulheres, que é socialmente construída e não historicamente derivada.

2.4 Entre o direito internacional e as regras islâmicas: o caso de Marrocos

Em Marrocos, como em qualquer outro país islâmico, a lei discrimina as mulheres em matéria de casamento, guarda dos filhos pelo pai, herança e adultério (o marido pode matar a mulher e beneficiar de uma desculpa legal).[44]

Em 1998, o Banco Mundial financiou um plano de ação para a integração das mulheres no desenvolvimento, a fim de promover a integração das mulheres no processo de desenvolvimento. O Ministério marroquino dos Assuntos Islâmicos criticou severamente a proposta de igualdade de estatuto jurídico para as mulheres. Criou a Agência Nacional para a Proteção da Família para contrariar o plano do

[43] Plataforma de Ação sobre os Direitos Humanos das Mulheres resultante da Quarta Conferência Mundial das Nações Unidas sobre as Mulheres, Pequim, 1995 www.un.org/womenwatch/daw/beijing/platform

[44] Em Marrocos, a reforma do Mudawana (código da família) em 2003 tornou mais difícil para os homens cometerem violência contra as mulheres em caso de adultério.

governo. [45]A agência emitiu um comunicado declarando que "a família marroquina está a sofrer os efeitos nefastos da invasão cultural [...] e este invasor é a promoção dos padrões morais ocidentais".

Apesar destas divergências, a reforma foi adoptada em 2004, quando o Rei Mohammed VI declarou que "não há oposição entre as exigências do desenvolvimento e o respeito pelos direitos humanos, tal como não há antagonismo com o Islão, que é dedicado à dignidade humana e aos direitos humanos. [45][46]É por isso que acreditamos que o próximo século ou será um século de respeito pelos direitos humanos ou não será".

O caso marroquino é uma ilustração pertinente do compromisso que pode ser encontrado entre o direito internacional dos direitos humanos e as práticas consuetudinárias islâmicas. A discriminação contra as mulheres no Islão não pode ser erradicada, mas as desigualdades de género na sociedade e na política podem. Em última análise, isto levanta outra questão: o que pode o direito internacional fazer quando os costumes locais minam o processo legal? Por outras palavras, em que circunstâncias pode o direito internacional dos direitos humanos ser aplicado e implementado na prática no mundo árabe?

O capítulo seguinte aborda esta questão de um novo ângulo, nomeadamente a aplicação do direito internacional dos direitos humanos a práticas consuetudinárias específicas do direito islâmico. Centra-se nas condições para a aplicação do direito internacional dos direitos humanos e para a reforma das práticas locais nos países islâmicos.

---

[45] Citado por mim. Fadela Sebti, advogada marroquina especializada em direito da família islâmico em Casablanca, entrevista, 1 de outubro de 2009

[46] Discurso do Rei Mohammed VI por ocasião do 51º aniversário da Declaração Universal dos Direitos do Homem, Maghreb Arabe Presse, 9 de dezembro de 2001.

Capítulo III - A aplicabilidade prática do direito internacional ao mundo árabe

Como é que os quadros universais podem ser aplicados a situações específicas? Como é que circunstâncias específicas e culturas diferentes afectam o direito internacional? A resposta a estas questões exige uma compreensão da interação entre o direito internacional dos direitos humanos, a cultura, a religião e a prática consuetudinária.

3.11 Direito internacional e cultura

[47]A legislação internacional em matéria de direitos humanos define cultura como um conjunto de tradições e costumes de um determinado grupo. Na década de 1990, a crescente consciencialização dos legisladores internacionais para a diversidade cultural levou a um debate entre o universalismo, que apela à aplicação de normas universais a todas as culturas, e o relativismo, que promove a tolerância das diferenças culturais.

A abordagem universalista cria uma antinomia entre as culturas ocidentais e não ocidentais. Considera que as normas de comportamento "universais" estabelecidas pelos países ocidentais devem ser aplicadas a todas as culturas não ocidentais. Por outro lado, a posição relativista considera que as violações dos direitos humanos são uma forma de respeito pelas particularidades culturais. Isto seria, em si mesmo, uma violação dos direitos humanos, porque "as tradições

[47] Sally Engle Merry, Human Rights and Gender Violence: Translating International Law into Global Justice, The University of Chicago Press, 2006 - Capítulo 1: Culture and Transnationalism p. 10

culturais justificam muitas vezes a manutenção de práticas discriminatórias". [48]Por outro lado, [o papel da UNICEF] não deve ser interpretado como uma rejeição da riqueza e diversidade do património cultural milenar da região" .

Nem a visão universalista nem a relativista fornecem uma explicação completa da interação entre o direito internacional dos direitos humanos e a cultura, porque ambas se baseiam em concepções erradas sobre os modelos culturais. A cultura é um modelo em evolução. A diplomacia, a educação e o direito internacional contribuem para a partilha de culturas. Por conseguinte, os juristas internacionais devem redigir leis com normas que se apliquem a todas as sociedades para ganharem legitimidade. Por outro lado, todas as culturas locais são obrigadas a melhorar as suas normas em matéria de direitos humanos, a fim de respeitar os princípios fundamentais do direito internacional, como a igualdade entre homens e mulheres.

[49]Assim, como afirmam Cowan, Dembour e Wilson, "em vez de encarar o universalismo e o relativismo cultural como alternativas a escolher de uma vez por todas, a tensão entre as posições deve ser vista como parte do processo contínuo de negociação de normas globais e locais em constante mudança e interdependentes". Isto é particularmente importante nos países muçulmanos porque o sistema legislativo está dividido entre a Sharia e a legislação moderna, o que oferece a possibilidade de adaptar a legislação secular ao direito internacional.

[48] UNICEF Turning Private Rage into Public Action: Strategic Meetings on Gender Equality and Violence against Women and Girls: Perspectives on UNICEF's Future Role in South Asia", 18-19 de agosto de 1999, Central Godavari Resort, Kathmandu, Nepal.

[49] Jane Cowan "Ambiguidades de um discurso emancipatório" in Jane Cowan, Marie-Benedict Dembour, Richard Wilson, Culture and Rights, 2001 p. 6

3.2 *O dualismo judicial nos Estados islâmicos*

Nos países muçulmanos, a lei islâmica coexiste com a legislação moderna. A Sharia é a única legislação que trata do direito da família (casamento, divórcio, herança). A lei islâmica rege o estatuto e o comportamento na sociedade (proibição do álcool, por exemplo), enquanto a legislação laica se centra na política externa, nas finanças ou na economia.

Por exemplo, os Estados islâmicos incluem sistematicamente disposições nas convenções internacionais em matéria de direitos humanos para garantir que estes acordos não entrem em conflito com a lei islâmica. Desta forma, qualquer litígio entre as partes do contrato será resolvido de acordo com a jurisdição islâmica. Estas cláusulas impedem frequentemente a ratificação do tratado ou esvaziam o acordo da sua substância. O acordo tem a força e os efeitos da lei, mas a disposição altera completamente o significado e o objetivo do acordo.

Em Marrocos, o preâmbulo da Constituição sublinha o empenhamento do país nos direitos humanos. Ao mesmo tempo, o Islão é a religião do Estado. Esta dupla referência impede frequentemente que os acordos internacionais sobre direitos humanos sejam aplicados à legislação marroquina. O governo fez numerosas reservas à Convenção sobre a Eliminação de Todas as Formas de Discriminação contra as Mulheres (CEDAW) porque a legislação nacional discrimina as mulheres no que diz respeito à idade mínima para o casamento, à capacidade de contrair casamento, à poligamia e ao divórcio, entre outras áreas. [50]Por exemplo, o Livro IV do novo Código da Família marroquino, que se refere à herança, estipula que, de acordo

[50] Para mais referências e explicações sobre a dicotomia entre o Código da Família marroquino e o direito internacional dos direitos humanos, ver a entrevista com Me. Fadela Sebti, *Femmes du Maroc,* fevereiro de 2010

com uma passagem do Corão, um homem herda de dois o que uma mulher herda de

.

O Egipto ratificou igualmente a Convenção sobre a Eliminação de Todas as Formas de Discriminação contra as Mulheres. Aceitou os artigos 3º a 16º, que prevêem disposições para eliminar a discriminação contra as mulheres na política, na vida pública, na educação, no emprego, nos cuidados de saúde e noutras áreas. [51]No entanto, o Egipto acrescentou uma disposição aos artigos 9º e 29º relativa à nacionalidade dos filhos (dada pelo pai no Islão) e à sua submissão a arbitragem. O Egipto emitiu reservas relativamente a outros artigos que exigem a plena igualdade entre homens e mulheres em todos os domínios, incluindo o casamento e o divórcio. [52]O Governo egípcio declarou que as obrigações da Convenção "não devem prejudicar as disposições da Sharia islâmica".

O dualismo judicial sublinha a necessidade de os Estados islâmicos receberem a avaliação da comunidade mundial para poderem fazer parte do sistema global interdependente. Dos vinte e oito países africanos que praticam a mutilação genital feminina, vinte e seis ratificaram a Convenção sobre a Eliminação de Todas as Formas de Discriminação contra as Mulheres. De acordo com o direito internacional, os Estados são obrigados a prevenir, investigar e punir a violência contra as mulheres. Desta forma, o direito internacional dos direitos humanos, ao promover padrões universais de comportamento, pressiona os países muçulmanos a dividirem os seus sistemas judiciais de forma a reduzir a influência da lei Sharia.

---

[51] Sally Engle Merry, Human Rights and Gender Violence: Translating International Law into Global Justice, The University of Chicago Press, 2006 - Capítulo 6: Localizing Human Rights and Rights Consciousness p. 178

[52] Abdullah Ahmed An-Na'im, Toward an Islamic Reformation: Civil Liberties, Human Rights and International Law, Syracuse University Press, 1990, p. 179.

Em última análise, a extensão da legislação secular nos países muçulmanos à esfera privada favorece a transição do regime autoritário para o regime democrático e desencadeia uma cultura de responsabilidade.

3.3 Aplicação do direito internacional pelas estruturas políticas

[53]O direito internacional necessita de instituições democráticas fortes para poder ser aplicado. Por outras palavras, os direitos humanos podem ser implementados se os Estados considerarem os indivíduos como indivíduos e não apenas como grupos na sociedade. Devem respeitar as suas aspirações de viver em liberdade. Por conseguinte, o direito internacional exige uma separação entre a política e o Islão. Esta separação deve basear-se nos princípios da neutralidade do Estado, que deve abster-se de financiar ou fazer referência a instituições islâmicas, e da liberdade de religião. As mulheres seriam então consideradas como indivíduos e cidadãs.

A referência dos Estados islâmicos ao Islão nas cláusulas dos acordos internacionais sobre direitos humanos é mais ou menos importante consoante o regime desses países. A estrutura política dos países muçulmanos está intimamente ligada ao grau de democratização e de respeito pelos direitos humanos. [54]Os Estados árabes podem ser agrupados em três categorias. Os regimes ditatoriais de partido único, como o Iraque, a Síria, a Líbia e o Afeganistão, reprimem severamente as liberdades individuais. Os regimes multipartidários, como o Egipto, a Jordânia, o Líbano, Marrocos e a Autoridade Palestiniana, caracterizam-se por um sistema

---

[53] David J. Bederman, International Law Frameworks, Foundation Press, 2006 - Capítulo 1: Natureza e história do direito internacional p. 2

[54] Relatório "Direitos Humanos nos Países Árabes e Muçulmanos", Conferência Mundial contra o Racismo - Durban, 20 de agosto de 2001 www.mfa.gov.il/MFA/MFAArchive

parlamentar limitado e oferecem um certo grau de liberdade de expressão e de organização. Os regimes islâmicos tradicionais, como a Arábia Saudita, o Qatar, o Barém, o Irão e o Paquistão, não respeitam as normas internacionalmente aceites no que se refere aos direitos das mulheres e das minorias. Este facto é o resultado dos valores e conceitos tradicionais islâmicos de governo.

Porquê e como é que os Estados islâmicos concordariam em abdicar daquilo que é a base da sua autoridade? A motivação mais importante é económica. Nenhum país pode ser autossuficiente, nem mesmo os Estados produtores de petróleo. Os países do Médio Oriente e do Norte de África são economicamente dependentes das potências ocidentais. Dependem do Ocidente para obter ajuda financeira para o desenvolvimento e devem, por isso, respeitar determinadas directrizes. Atualmente, as relações diplomáticas, políticas e económicas entre Estados baseiam-se numa lógica de "interesse próprio". [55]Os regimes seguem as normas jurídicas porque beneficiam com elas. [56]Deste ponto de vista, os países muçulmanos teriam muito a ganhar se se afastassem da religião.

3.3.1 O secularismo pode funcionar num país de maioria muçulmana? O caso da Turquia

[55] Ver Robert Keohane e Joseph Nye, Power and Interdependence, Longman, 2000, e Oran Young, Governance in World Affairs, Cornell University Press, 1999.

[56] A estratégia e as consequências dos programas de assistência à democracia dos EUA nos países do Médio Oriente e do Norte de África têm sido objeto de grande controvérsia, uma vez que os líderes árabes conseguiram evitar os desafios da democratização. No entanto, os programas dos EUA não deixaram de reforçar as organizações da sociedade civil. Durante os anos 90, as organizações da sociedade civil em Marrocos, Egipto, Jordânia, Iémen e Kuwait lançaram programas nos domínios da saúde, do ambiente e da educação. As associações profissionais tornaram-se substitutos de partidos políticos e islâmicos corruptos. Além disso, o envolvimento cívico promove o secularismo, mas não implica uma rejeição dos valores islâmicos. O que quero dizer é que *os governos* árabes teriam muito a ganhar se se afastassem da religião, pois isso encorajá-los-ia a respeitar a legislação internacional em matéria de direitos humanos, mas isso não significa que as sociedades civis dos países muçulmanos devam ser impedidas de defender os valores islâmicos. A este respeito, a senhora deputada White apresentou um argumento interessante. Ela defende que o Islão não impede o envolvimento na sociedade civil, num estudo sobre a mobilização islâmica na sociedade turca. Ver Jenny B. White, Islamic mobilization in Turkey, University of Washington Press, 2003.

[57]A Turquia é um estudo de caso relevante para sublinhar que um governo secular é possível num Estado árabe. [58]Mais de 99% da população turca é muçulmana. No entanto, é um Estado democrático e secular. Nos últimos anos do Império Otomano, a secularização foi a reforma mais importante e controversa de Atatürk.

[59]Embora na década de 1980 tenha surgido uma nova geração de líderes locais com motivações religiosas para desafiar a elite política secularizada, Wing e Varol argumentam que a versão turca do secularismo é "a versão mais rigorosa do secularismo implementada por qualquer nação", mesmo a França. Os autores defendem de forma convincente que um Estado de maioria muçulmana pode ser democrático, que as mulheres muçulmanas podem estar em pé de igualdade com os homens no sistema jurídico e que a democracia pode ser implementada a longo prazo. [60]Apesar das críticas sobre a violação dos direitos humanos, as mulheres turcas gozam de direitos iguais. Podem votar e candidatar-se a cargos políticos.

[61]A Turquia oferece uma versão única de secularismo porque, ao contrário dos países ocidentais, o Estado turco pode "aceder e regular a área vedada da religião, enquanto a religião não tem o mesmo direito recíproco". Por exemplo, o governo proibiu o uso de véus islâmicos nas escolas públicas.

[62]instituições para garantir que a religião não domine a esfera pública .

---

[57] Este ensaio foi escrito em 2010, antes da ascensão do combativo Presidente Recep Tayyip Erdogan e do seu partido conservador islâmico AK.

[58] Niyazi Oktem, Religion in Turkey, Brigham Young University Lau, Review, janeiro de 2002 pp. 371373

[59] Adrien Katherine Wing e Ozan O. Varol, "Is Secularism Possible in a Majority-Muslim Country? The Turkish Example" Texas International Law Journal Volume 42 Número 1 outono de 2006

[60] Chante Lasco, Virginity tests in Turkey: A violation of women's rights, Human Rights Brief, Volume 9, Número 2, 2002 p. 10

[61] idem p. 6

[62] Para reforçar a afirmação de Wing e Varol de que o laicismo na Turquia é mais rigoroso do que em França, a lei francesa sobre o laicismo e as manifestações religiosas nas escolas públicas primárias e

A igualdade de género foi alcançada através da estrutura política da Turquia. Em 1993, a república secular atribuiu o cargo de primeiro-ministro a uma mulher. Ao mesmo tempo, a Turquia mantém a sua identidade islâmica enquanto membro fundador da Organização da Conferência Islâmica (OCI). [63]Por outro lado, na República Islâmica do Irão, as mulheres que cometem adultério são condenadas à morte por lapidação.

3.4 *Aplicar a legislação internacional em matéria de direitos humanos, promovendo a sensibilização para os direitos*

Outra forma de assegurar a aplicação sustentável da legislação internacional em matéria de direitos humanos consiste em promover a sensibilização para os direitos. [64]A análise de Hussaina sobre as mulheres na Nigéria ( ) salienta o facto de as mulheres terem mudado ao longo do tempo na sua abordagem dos direitos das mulheres e estarem preparadas para defender os seus próprios direitos, com a transição do regime militar para o regime civil. A existência de instituições democráticas fortes promove a consciencialização dos direitos, o que garante a aplicação da legislação internacional em matéria de direitos humanos. [65]Como afirma Merry, "para que as ideias sobre os direitos humanos tenham impacto, têm de fazer parte da consciência das pessoas comuns em todo o mundo". Por conseguinte, devem ser integradas nas práticas sociais.

---

secundárias, adoptada em 15 de março de 2004 (e que entrou em vigor em 2 de setembro de 2004), suscitou numerosos protestos da comunidade muçulmana francesa, que se lhe opôs fortemente. O seu principal argumento era que o uso de um lenço na cabeça não era contrário ao princípio da laicidade.

[63] Janet Maslin, "Crowd Pleasers; Light Reading Gone Wild", New York Times, 9 de dezembro de 2005.

[64] Abdullah Hussaina, "Religious Revivalism, Human Rights Activism and the Struggle for Women's Rights in Nigeria" in Cultural Transformation and Human Rights in Africa, 2002.

[65] Sally Engle Merry, Human Rights and Gender Violence: Translating International Law into Global Justice, The University of Chicago Press, 2006 - Capítulo 1: Culture and Transnationalism p. 3

Os Estados islâmicos devem reconhecer a necessidade de separar a política da religião e como é que isso pode levar a uma maior consciencialização dos direitos humanos? Nos países ocidentais, as sociedades civis são os principais agentes de mudança. [66]No entanto, nem sempre é esse o caso nos Estados islâmicos. Em muitos países, os actores locais carecem de formação e de prática em matéria de direitos humanos porque estão enraizados nos costumes dos Estados islâmicos, que tendem a desvalorizar o direito internacional. Por exemplo, em março de 2000, centenas de milhares de mulheres islâmicas marroquinas organizaram uma manifestação em Casablanca *contra a* reforma da Mudawana (lei da família), que concede mais direitos às mulheres. Estas mulheres opuseram-se a uma manifestação organizada no mesmo dia em Rabat, a capital, por activistas marroquinos a favor da igualdade entre homens e mulheres. O governo acabou por adotar a reforma do código da família. Este caso mostra que os actores internos, especialmente os fundamentalistas religiosos, podem desconhecer os benefícios dos direitos humanos e sentir-se ameaçados por eles.

Os actores transnacionais são o ponto de partida para a promoção local da sensibilização para os direitos através da educação para os direitos humanos, da motivação e da mobilização de forças no seio da sociedade. [67]Hui, responsável pela informação e comunicação da International Women's Rights Action Watch, afirmou que "mesmo que haja mulheres numa comunidade/sociedade que aceitem práticas culturais que resultem na violação de direitos humanos básicos, devemos manifestar-

[66] A primavera Árabe, que era originalmente um movimento de cidadãos antes de ser sequestrado por partidos islâmicos, provou isso mesmo.

[7] Ben Hui, responsável pela informação e comunicação da International Women's Rights Action Watch - Asia Pacific (IWRAW-IP) em Sally Engle Merry, Human Rights and Gender Violence: Translating International Law into Global Justice, The University of Chicago Press, 2006 p. 26

nos contra isso, porque temos de aderir a determinadas normas". As organizações internacionais são também responsáveis por exercer pressão sobre os governos locais para garantir a aplicação da legislação internacional em matéria de direitos humanos.

Em última análise, os direitos humanos podem tornar-se lei através do Estado. Os decisores políticos laicos podem ser eficazes na aplicação da legislação internacional em matéria de direitos humanos, fazendo a mediação entre a jurisprudência global e as práticas locais. Por exemplo, o desenvolvimento de programas de educação pública adaptados aos contextos locais constituiria um compromisso entre o respeito pelo direito internacional e a compreensão dos costumes locais.

3.5 Aplicação da legislação internacional em matéria de direitos humanos

A aplicação sustentável do direito internacional em matéria de direitos humanos exige uma aplicação efectiva. No entanto, a falta de aplicação é a principal lacuna do direito internacional. Como é que este problema pode ser ultrapassado?

3.5.1 Limitações à aplicação da legislação internacional em matéria de direitos humanos

O direito internacional em matéria de direitos humanos é considerado uma norma imperativa *(jus cogens).* [68]Um princípio fundamental do direito internacional é o facto de os Estados não poderem repudiar a lei se concordarem em cumpri-la. Com

---

[68] Warwick McKean, Equality and Discrimination under International Law, Oxford: Clarendon Press, 1983 pp. 280-82

estas leis, a comunidade mundial proíbe unanimemente o genocídio, a escravatura e a tortura.

[69]Os documentos relativos aos direitos humanos, como a Declaração Universal dos Direitos do Homem, são normas de realização e não tratados vinculativos. Têm autoridade moral. O n.º 3 do artigo 1.º da Carta das Nações Unidas impõe a todos os membros a obrigação de cooperar na promoção e no incentivo ao respeito pelos direitos humanos e pelas liberdades fundamentais, sem distinção de sexo ou raça, mas não faz qualquer referência a um mecanismo claro de aplicação para evitar violações dos direitos humanos. [70]O documento afirma que "[n]enhuma disposição da Carta [das Nações Unidas] autoriza as Nações Unidas a intervir em questões que são essencialmente da jurisdição interna de qualquer Estado, nem obriga os membros a submeter tais questões à resolução em conformidade com a presente Carta" .

Esta obrigação jurídica não é, por conseguinte, suficiente para garantir o respeito do direito. No direito internacional, só há dois casos em que uma lei pode ser aplicada. A ação internacional pode ser tomada quando a paz e a segurança mundiais estão ameaçadas. Algumas violações dos direitos humanos ameaçam a estabilidade local e nacional de um país, mas não afectam a comunidade mundial. Por conseguinte, não são consideradas dignas de intervenção. Em segundo lugar, os Estados só estão vinculados pelo seu próprio acordo em tratados ou pelo direito internacional consuetudinário. Como explicámos anteriormente, os Estados podem fazer reservas e cláusulas que anulam o objetivo do tratado.

Nos países islâmicos, a questão da aplicação da lei é crucial, uma vez que

---

[69] William R. Slomanson, Fundamental Perspectives on International Law, Clark Baxter, 2003 - Capítulo 11: Direitos Humanos p. 573

[70] Carta das Nações Unidas www.un.org/en/documents/charter/

estes países não cumprem frequentemente a legislação internacional em matéria de direitos humanos. Além disso, os muçulmanos recusam-se tradicionalmente a recorrer a um organismo supranacional para resolver um litígio, por duas razões. Em primeiro lugar, os litígios são normalmente resolvidos no seio da comunidade ou num tribunal específico que trate de assuntos islâmicos. Em segundo lugar, são muito poucos os muçulmanos que se atrevem a desafiar a Umma (comunidade religiosa) pedindo a ajuda de um tribunal internacional. Fazê-lo seria pôr em causa a autoridade dos juristas islâmicos. Nos Estados islâmicos, os organismos supranacionais, como o Tribunal Europeu dos Direitos do Homem, cujo objetivo é punir a violação dos direitos humanos, são ineficazes e irrelevantes.

Uma forma possível e eficaz de garantir o cumprimento da legislação internacional em matéria de direitos humanos é a sua incorporação no direito interno dos países muçulmanos.

3.5.2 Integração do direito internacional em matéria de direitos humanos no direito nacional

[71]An Na'im argumenta que a Sharia deve ser reformada de modo a aplicar os princípios fundamentais dos direitos humanos. Sugere que os juristas citem as fontes islâmicas que são incompatíveis com o direito internacional em matéria de direitos humanos e as expliquem no seu contexto para sublinhar a sua inaplicabilidade ao mundo contemporâneo. Este argumento é pertinente porque sublinha que qualquer conjunto de regras está ligado a uma determinada comunidade, estrutura política,

---

[71] Ahmed Abdullahu An-Na'im, "State Responsibility Under International Human Rights Law to Change Religious and Customary Law", em Rebecca J. Cook, Human Rights of Women: National and International Perspectives, University of Pennsylvania Press, 1994.

norma e época. No entanto, assume erradamente que os líderes religiosos estariam preparados para aceitar a temporalidade daquele que é para eles o livro mais sagrado - o Corão. É suposto os ensinamentos islâmicos constituírem normas de comportamento universais para a Umma (comunidade muçulmana).

[72]Tendo reconhecido a necessidade de distinguir entre a lei islâmica (que trata de questões sociais) e a legislação pública secular, uma solução mais prática seria reformar as leis e instituições nacionais para incorporar as normas internacionais.

Na maioria dos países, os tratados internacionais não se transformam automaticamente em direito nacional. Têm de ser incorporados através de um processo legislativo e judicial. Além disso, o artigo 2.º do Pacto Internacional sobre os Direitos Civis e Políticos garante a liberdade dos Estados de aplicarem as disposições das convenções internacionais de direitos humanos da forma que entenderem, nos seguintes termos [73]"Se não estiverem ainda em vigor medidas legislativas ou outras, cada Estado Parte no presente Pacto compromete-se a adotar, de acordo com os seus processos constitucionais e com as disposições do presente Pacto, as medidas legislativas ou outras que forem necessárias para tornar efectivos os direitos reconhecidos no presente Pacto" .

Por conseguinte, deve ser feito um esforço a nível nacional para se apropriar do quadro global dos direitos humanos e transpô-lo para as situações locais. Os decisores políticos, os legisladores e os juízes são actores fundamentais no desenvolvimento de mecanismos de aplicação da reforma. A este respeito, a Grã-

---

[72] Este livro baseia-se na escola monista do direito. O monismo parte do princípio de que o direito internacional e o direito municipal devem fazer parte de um único sistema jurídico e que o direito municipal deve estar subordinado ao direito internacional. Em contraste, o dualismo trata o direito internacional e o direito municipal como entidades separadas.

[73] Ratificada pela resolução 2200A (XXI) da Assembleia Geral, de 16 de dezembro de 1966. Entrou em vigor em 23 de março de 1976

Bretanha é um modelo para os países islâmicos. O governo britânico incorporou a Convenção Europeia para a Proteção dos Direitos Humanos e das Liberdades Fundamentais na legislação nacional através da Lei dos Direitos Humanos de 1998. Uma vez que o tratado foi incorporado na legislação inglesa, pode ser plenamente aplicado pelos tribunais.

[74]Para garantir que a legislação nacional cumpre as normas dos acordos internacionais em matéria de direitos humanos, Koh recorre a advogados internos e consultores jurídicos, como o Gabinete de Assessoria Jurídica do Departamento de Estado dos EUA. [75]O seu papel é assegurar que as políticas governamentais cumprem as normas jurídicas globais.

Em última análise, a incorporação dos tratados internacionais de direitos humanos na legislação nacional dos países islâmicos conciliaria os interesses do mundo árabe e da comunidade global na consecução da justiça social. Idealmente, os dois conjuntos de legislação funcionariam em harmonia como uma entidade única.

---

[74] Harold H. Koh, "How is International Human Rights Enforced", Addison C. Lecture. Harris Lecture, 21 de janeiro de 1998, pp. 1410-11.

[75] Ver Antonio Cassese, The Role of Legal Advisers in Ensuring that Foreign Policy Conforms to International Legal Standards, 14 MICH. J. INT'L L. 139 (1992)

Conclusão

Este livro defende que os Estados islâmicos não respeitam os princípios fundamentais do direito internacional em matéria de direitos humanos porque estes entram em conflito com os do Islão. O direito internacional pode ser aplicado e executado nos países muçulmanos se houver uma separação entre política e religião, como acontece na Turquia. O direito internacional dos direitos humanos seria relevante e aplicável à legislação secular dos Estados árabes.

Além disso, devido às várias interpretações teológicas do Corão, em que se baseiam as leis islâmicas, a Sharia não pode ser considerada como um sistema jurídico prático. Consequentemente, a discriminação de género é uma construção social e não um resultado religioso ou histórico.

Em última análise, a afirmação de que o direito internacional é aplicável e relevante para os Estados islâmicos sublinha que o mundo árabe e muçulmano é compatível com o sistema predominantemente ocidental e que pode ser democratizado. Vários países muçulmanos precisam de reformar as suas estruturas de poder autoritárias, que lhes permitem subordinar a população e não respeitam o direito internacional em matéria de direitos humanos. [76]Como afirmam Deutsch e Hoffman, "há razões para suspeitar que aqueles que consideram o direito internacional pouco melhor do que uma prostituta nem sempre respeitam muito mais o direito do seu próprio país".

O direito internacional e o multilateralismo podem ajudar a moldar a cultura e as práticas locais. Isto implica dois desenvolvimentos simultâneos. Em primeiro lugar,

[76] Karl Deutsch e Stanley Hoffman, The Relevance of International law, Doubleday Anchor, 1971, p. 131.

o direito internacional deve tornar-se mais pluralista, a fim de refletir os interesses e as percepções de todas as nações. O direito internacional não é uma instituição estática, mas um desenvolvimento multilateral. Por conseguinte, deve aplicar-se naturalmente a todos os países. [th]No século XX, a emergência de novos países independentes após a colonização europeia influenciou o direito internacional. Os Estados árabes têm de mudar para encontrar o equilíbrio correto entre a religião e o respeito pelos direitos humanos. Muitos Estados islâmicos precisam de erradicar a sua abordagem centrada no Estado e reconhecer os benefícios do multilateralismo e do respeito pelo direito internacional.

MIX
Papier aus verantwortungsvollen Quellen
Paper from responsible sources
FSC® C105338

Printed by Books on Demand GmbH, Norderstedt / Germany